글 카렌 라차나 케니

미네소타 주 미니애폴리스에 살고 있는 어린이책 작가이자 편집자입니다. 그녀는 별이 형성되는 방법, 롤러코스터에 담긴 과학, 거미와 개미·비버와 같은 동물들이 만들어내는 놀라운 구조물 등 다양한 주제로 150권이 넘는 책을 썼습니다. 그녀는 여행, 자전거, 하이킹을 좋아하며 아름다운 미네소타 주의 밤하늘을 바라보는 것을 즐깁니다.

그림 스티븐 우드

런던 북부에 살고 있고 집에 있는 작은 스튜디오에서 일합니다. 이웃 고양이를 살피고 집으로 끌어들이고, 낙서하는 것을 좋아합니다. 그림을 그릴 때, 그림에 생명과 움직임을 불어넣는 캐릭터를 중요하게 여깁니다. 미묘한 유머와 그가 어릴 적 사랑했던 모험 이야기가 연상되는 것을 좋아합니다. 그래서 그가 그린 해적 이야기나 침몰한 보물, 카우보이, 기사와 용, 고전 추리 이야기들 모두 그가 어릴 때 좋아했던 그림과 닮았습니다. 그는 가끔 여자친구의 비스킷을 훔치고 그녀에게 소리칩니다. "우리 집에 아주 끔찍한 비스킷 중독 쥐가 숨어 있어!"

옮김 강여은

충청도 시골에서 자연과 친구가 되어 어린 시절을 보냈습니다. 대학에서 분자생물학을 전공하였고, 학생들에게 수학과 과학을 재미있게 공부하는 방법을 가르쳐 오다가 지금은 아이들의 미래를 바꾸어 줄 좋은 책을 만드는 일에 집중하고 있습니다. 옮긴 책으로는 《지구 땅속이 궁금해》 《내 몸속이 궁금해》가 있습니다.

WHAT'S BENEATH: PEEKING UNDER YOUR SKIN

Copyright © 2016 by Picture Window Books, a Capstone imprint.
All rights reserved.

Korean Language edition is distributed and published by © MIND ALIVE CO.LTD(2017) arranged with the permission of Capstone, the owner of all rights to distribute and publish same through EYA(Eric Yang Agency).

이 책의 한국어판 저작권은 출간 및 유통 권한을 갖고 있는 Capstone의 승인하에 EYA(Eric Yang Agency)을 통한 Capstone사와의 독점계약으로 (주)창의와탐구가 소유합니다.
저작권법에 의하여 한국 내에서 보호를 받는 저작물이므로 무단 전재와 무단 복제를 금합니다.

내 몸속이 궁금해

글·카렌 라차나 케니   그림·스티븐 우드   옮김·강여은

 와이즈만 BOOKs

우리 몸은 환상적인 기계예요. 우리가 먹고, 숨 쉬고, 놀 수 있도록 여러 기관이 힘을 합쳐 움직여요. 하지만 눈으로 볼 수는 없어요.

우리 피부가 몸 안 기관을 덮고 보호하거든요.

보기엔 여름이에요. 여름에서 땀이 흘러내리고, 피부는 축축하게 젖어 있어요. 숨을 깊게 들이마셔 폐 속에 공기를 가득 채워 보세요.

그럼 몸속은 어떻게 생겼을까요?
가운데진 몸속이 궁금하다면 첫 장을 살짝 넘겨 보세요.

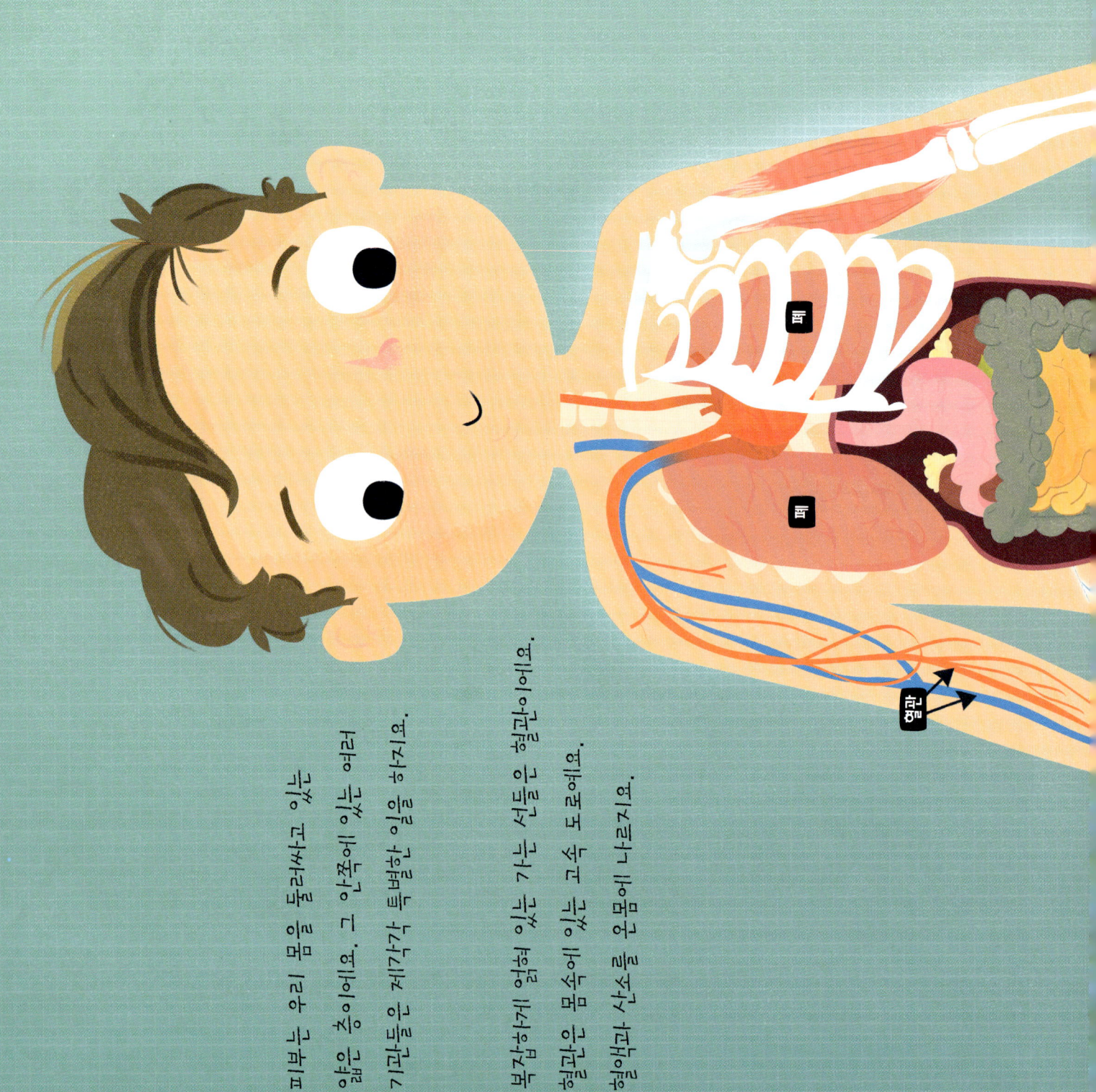

피부는 우리 몸을 둘러싸고 있는 얇은 종이에요. 그 안쪽에 있는 여러 기관들은 제각각 특별한 일을 하지요.

뼈: 복잡하게 얽혀 있는 가는 선들은 혈관이에요.
폐: 혈관은 몸 안에 있는 고속 도로예요.
혈관: 혈액은 산소를 온몸에 나르지요.

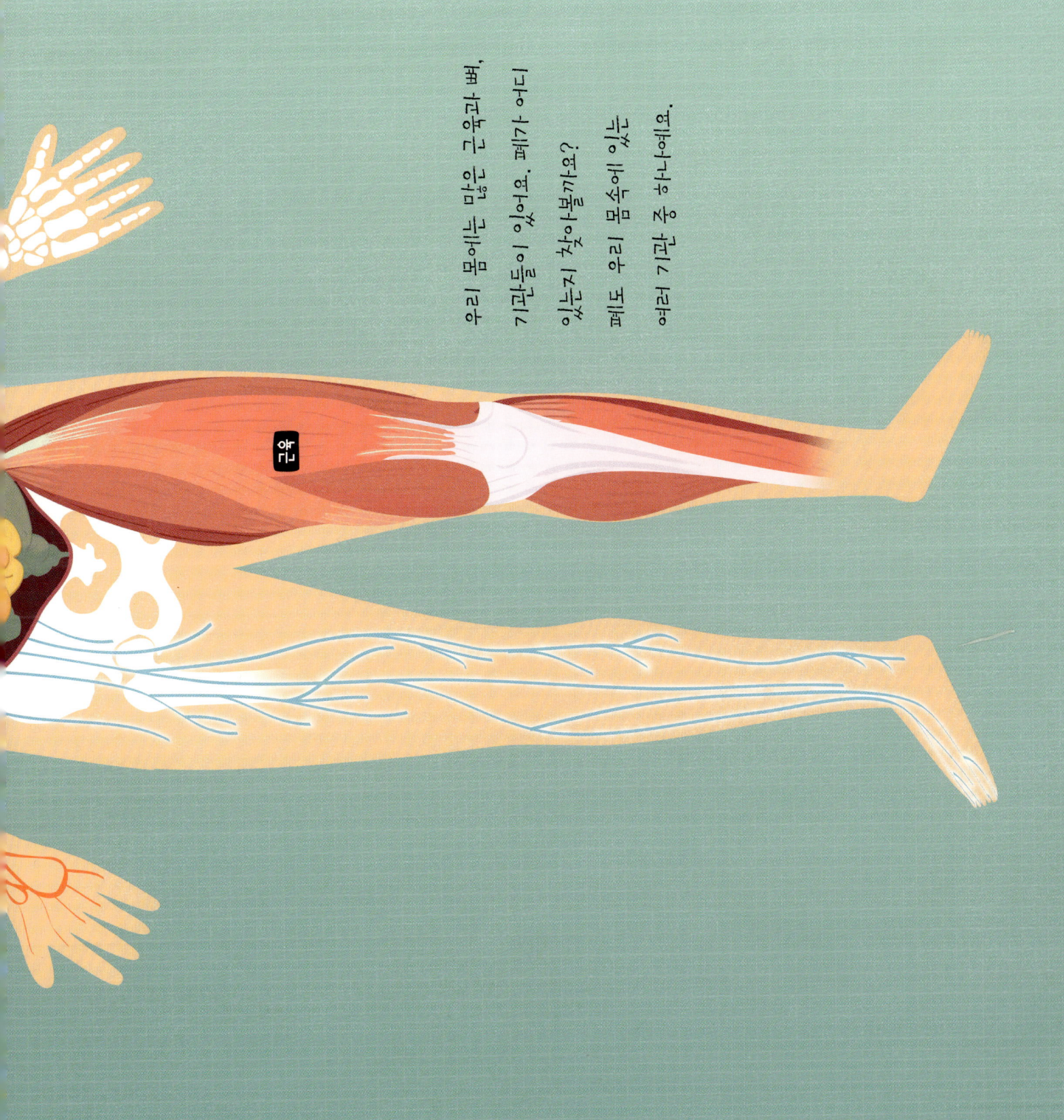

우리 몸 가운데 어디에 있을까요?
몸 안쪽에 있어요.
폐처럼 몸 안에 있는
기관들이 있는지 찾아볼까요?
우리 몸 안에는 폐 말고도
많은 기관들이 있어요.

근육

덮어 줘!

사실 피부는 매끄럽지 않아요. 피부에는 움푹 파인 부분도 많고, 주머니와 털도 많이 있어요.

맨 바깥쪽 표피층에서는 죽은 피부 세포가 계속해서 떨어져 나가요.

표피층 바로 아래가 피부에서 가장 두꺼운 진피층이에요.

섬유 조직이 보이죠? 피부를 단단하게 해 주고, 수분을 함유하고 있어요.

작은 혈관들은 피부를 따뜻하게 유지해요.

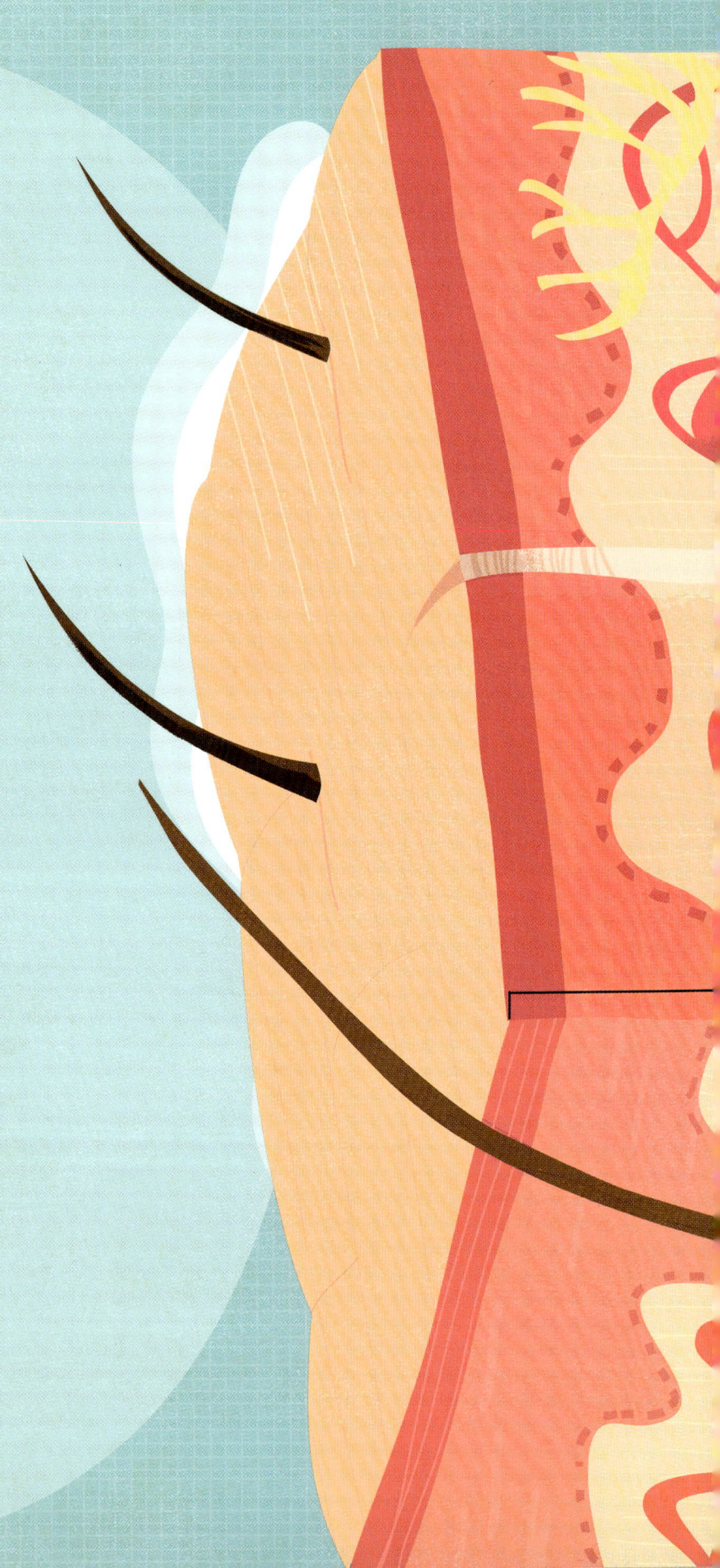

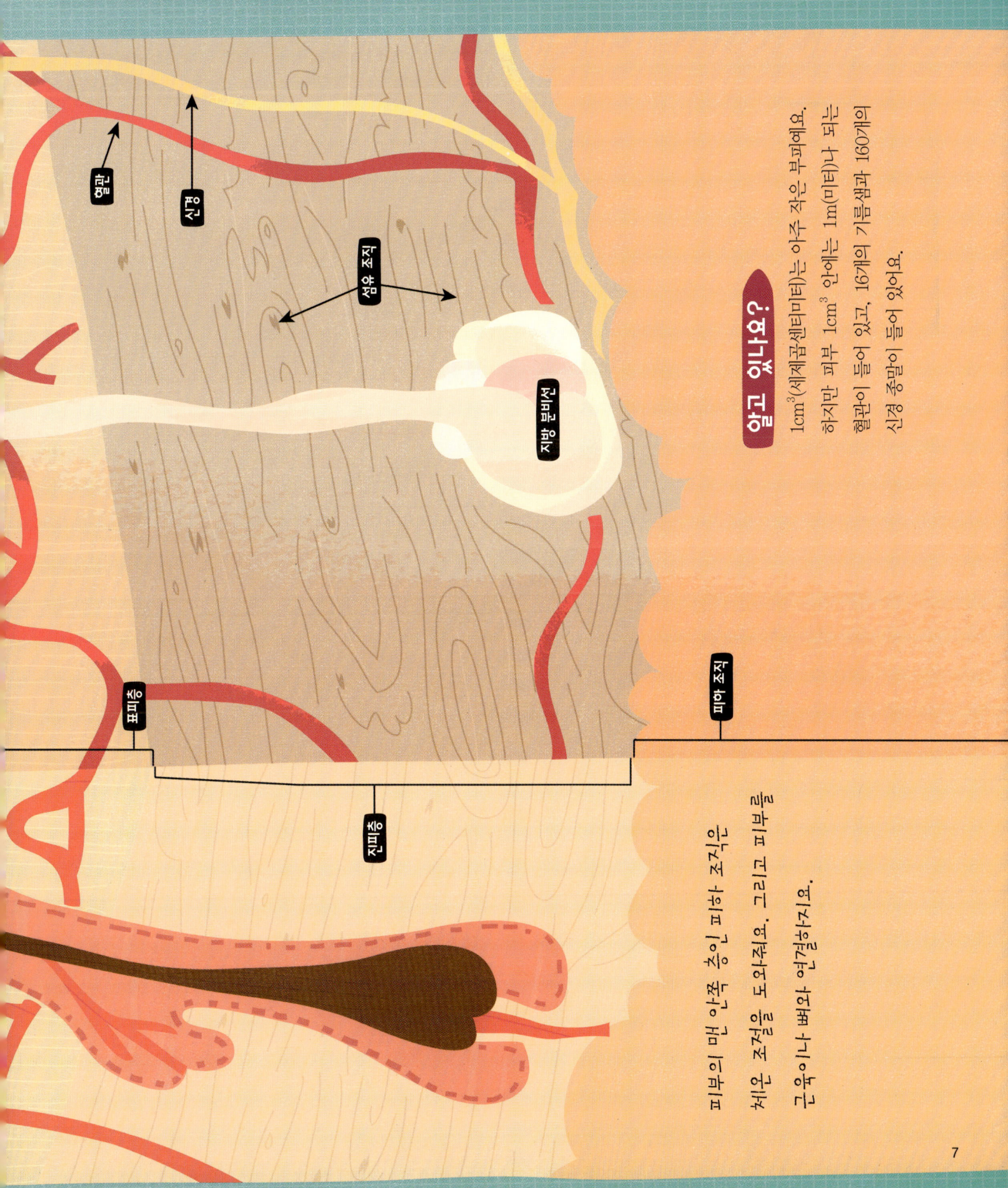

몸을 시원하게

몸에 열이 많이 나면 제대로 생활할 수가 없어요.
이때 땀이 열을 식혀 주지요.

땀은 대부분 물과 소금으로 이루어져 있어요.
땀은 땀샘에서 만들어져서 작은 관을 따라 이동해요.
어떤 관은 피부 표면까지 직접 연결되어 있어요.
또 다른 관은 모공까지 연결되지요.

털

모공(毛孔)

땀

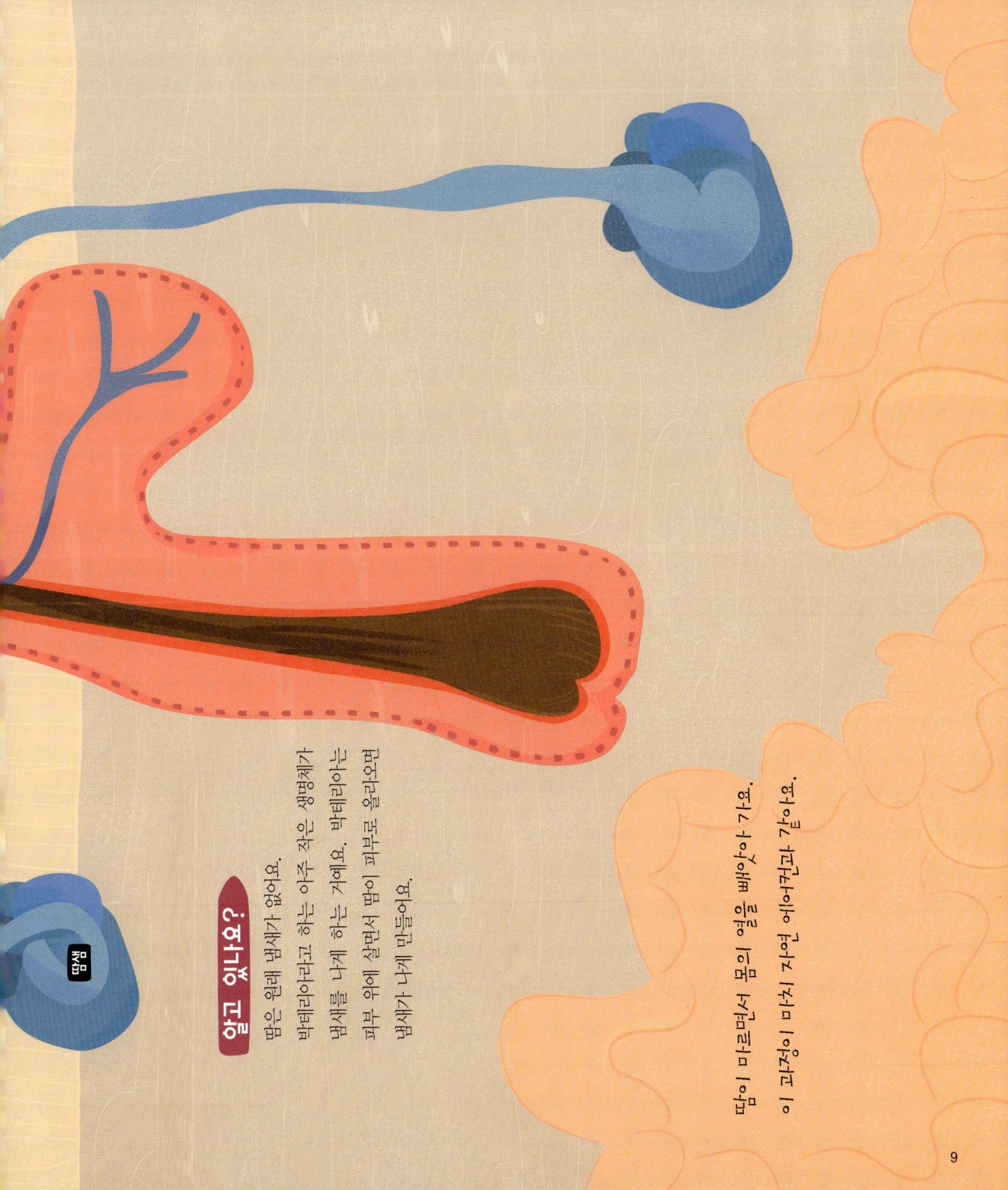

궁금해요

땀은 원래 냄새가 없어요.
박테리아라고 하는 아주 작은 생명체가
냄새를 나게 하는 거예요. 박테리아는
피부 위에 살면서 땀이 피부로 올라오면
냄새가 나게 만들어요.

땀이 많이 나면 땀에 젖은 옷에서 쉰내가 나기도 해요.

내 피부의 털, 어디에!

피부는 털을 덮고 있어요. 머리 피부인 두피에 가장 많은 털이 있지요. 두피 바로 아래에는 100,000개 정도의 모낭이 있어요. 모낭은 수세기 않고 털을 피부 위로 밀어 올려요. 하나의 모근에서는 한 가닥의 털이 나와요.

털은 어떻게 만들어지나요? 피부 안쪽에 있는 모근 안 세포에 영양을 공급해요. 모근 세포는 단백질을 만들어요. 단백질은 털줄기가 되지요. 털은 점점 길어지면서 피부 밖으로 빠져 나와요.

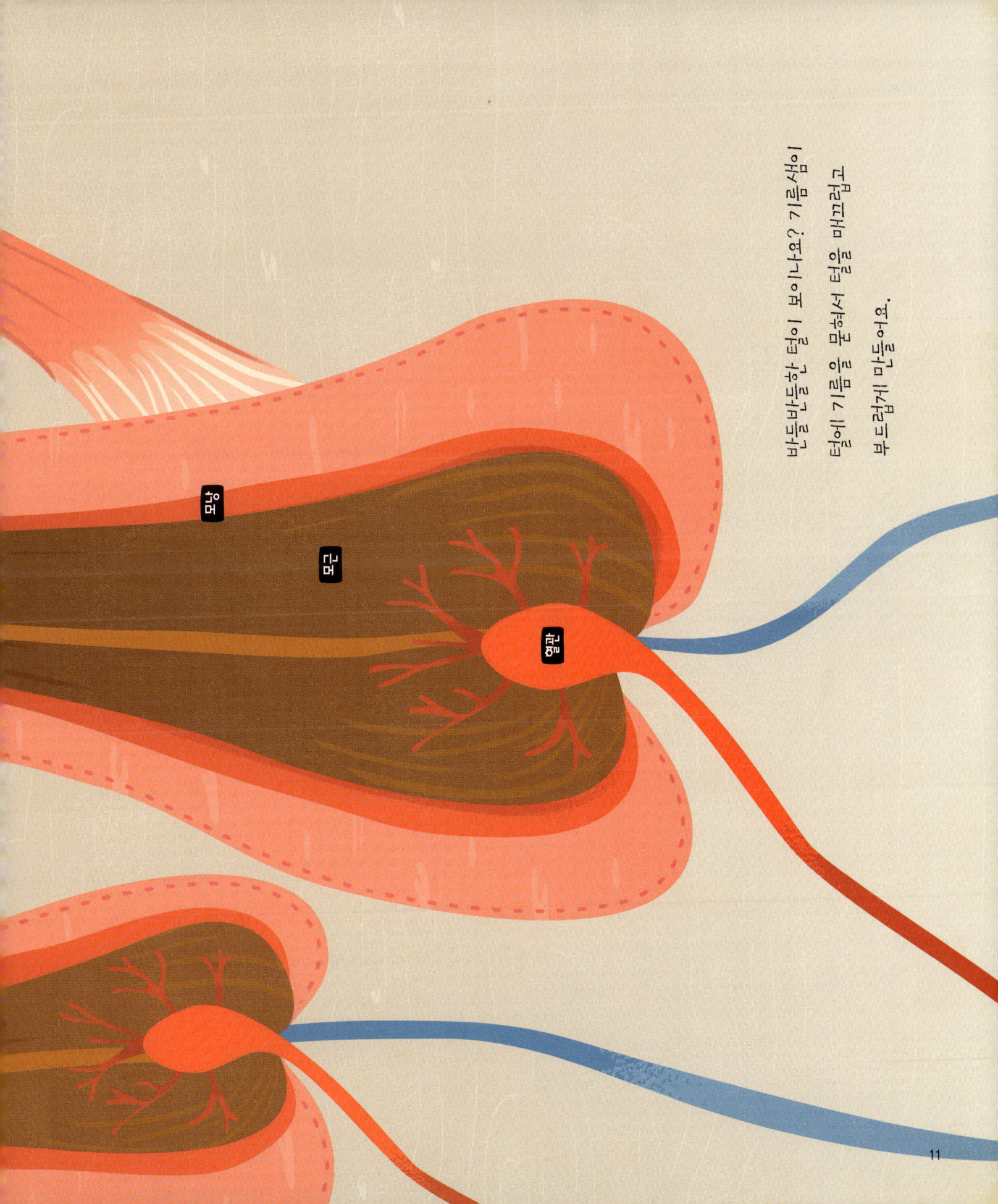

두근두근 뛰는 염통에서 갈라져 나온 피는 굵은 핏줄을 타고 몸을 돌고 돌아 다시 염통으로 모여들어요.

몸속의 고속 도로

우리 몸 구석구석 부분과 부분을 마지막까지 털이 자라기까지 혈액이 이어야 해요. 혈액은 산소와 양분을 몸속으로 운반하고, 몸 노폐물을 몸 밖으로 내보내지요.

혈액은 몸속 고속 도로라고 할 수 있는 혈관을 따라 움직여요. 혈관을 모두 늘어놓으면 **96,560킬로미터**나 된답니다. 이 정도로 어마어마 깁니다. 지구 둘레의 길이가 4만 킬로미터인 걸 생각하면 엄마나 긴지 아시겠지요?

폐
대동맥
심장
모세 혈관
폐
정맥

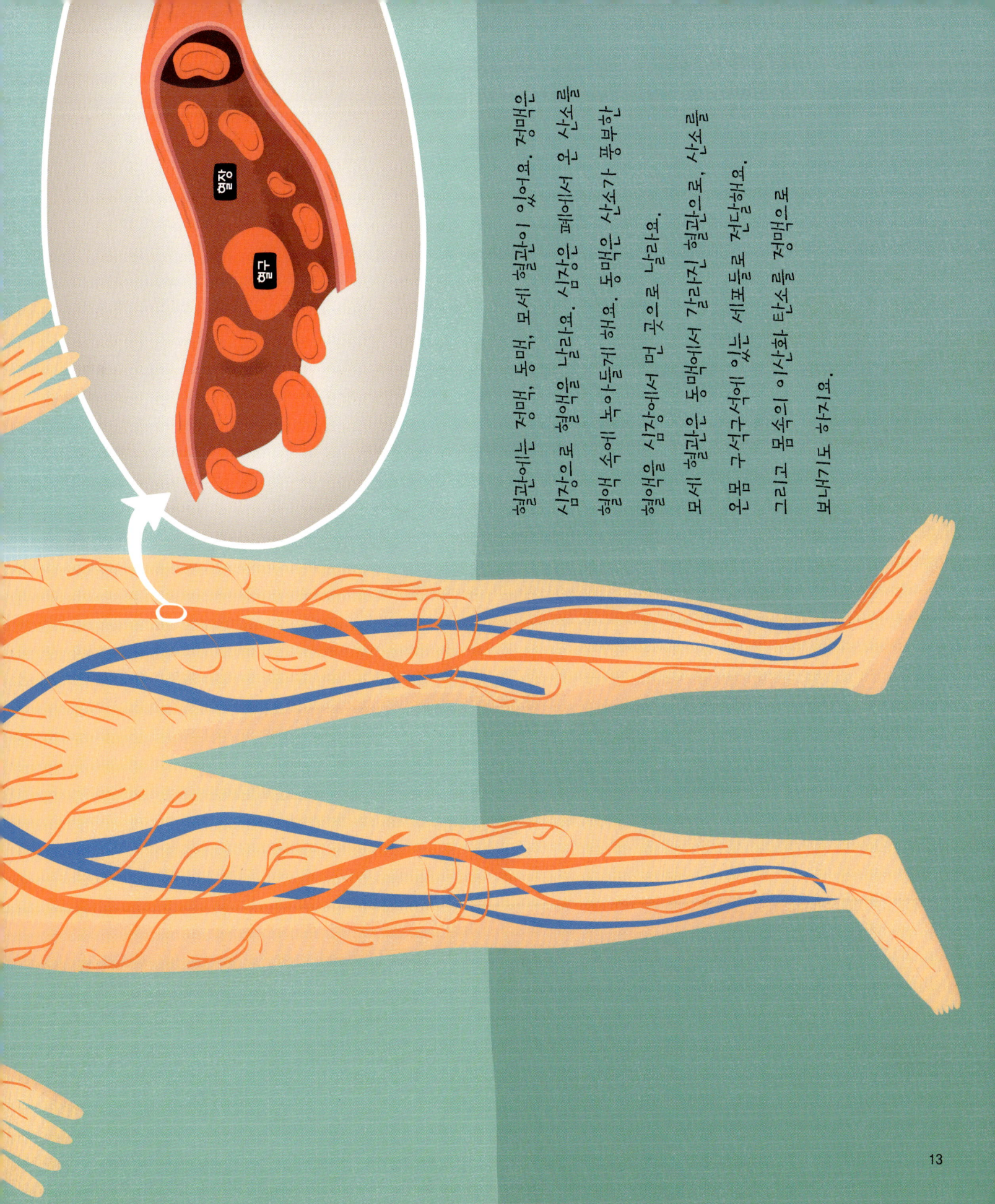

혈관에는 정맥, 동맥, 모세 혈관이 있어요. 정맥은 심장으로 향해서 올라가요. 시작은 페에서 온 산소를 실어서 몸속에 녹여들게 해요. 동맥은 산소가 풍부한 혈액을 심장에서 먼 곳으로 날라요. 모세 혈관은 동맥에서 갈라진 혈관으로, 산소를 온몸 구석구석에 있는 세포들로 전달해요. 그리고 몸속의 이산화 탄소를 정맥으로 보내기도 하지요.

호흡 기체

산소가 혈액 속에 녹아들려면 우선 몸속으로 들어가야 해요. 우리가 숨을 들이마실 때 코와 입을 통해 공기가 들어와요. 공기가 어디를 거치는지 따라가 보아요.

기관이 갈라졌어요!
기관에서 갈라진 관을 기관지라고 하는데 폐와 이어져 있어요.
기관지의 굵기는 점점 얇아져서 세기관지가 되지요.

산소
이산화 탄소

폐
양

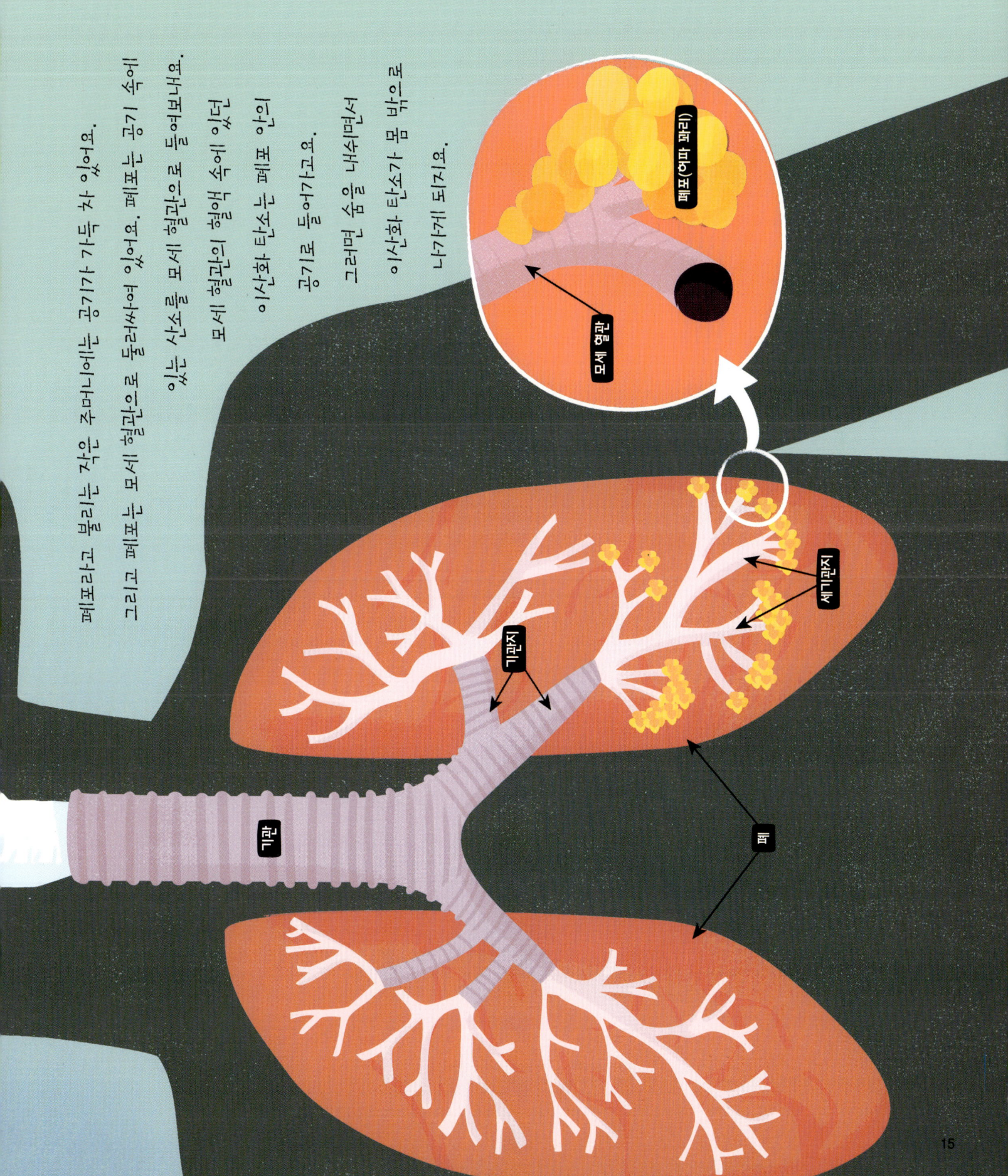

혈액을 내보내자

온몸으로 산소가 풍부한 혈액을 보내려면 중은 펌프가 있어야 해요. 그게 바로 심장이지요. 심장은 쉬지 않고 일을 하는 기관이에요. 하루에 10만 번이나 펌프질을 하지요. 우리 몸의 순환계가 돌아가게 하는 것이 바로 심장이에요.

심장은 좌우 아주 좁은 근육으로 나누어져 있는 데 보이나요? 각 부분은 펌프를 하나씩 내보내는데, 혈액은 폐동맥을 통해 폐로 내보내지고, 산소가 풍부한 혈액은 다시 심장으로 돌아와 대동맥을 통해 온몸으로 보내져요. 좌우 심장은 두 개의 방을 가지고 있어요.

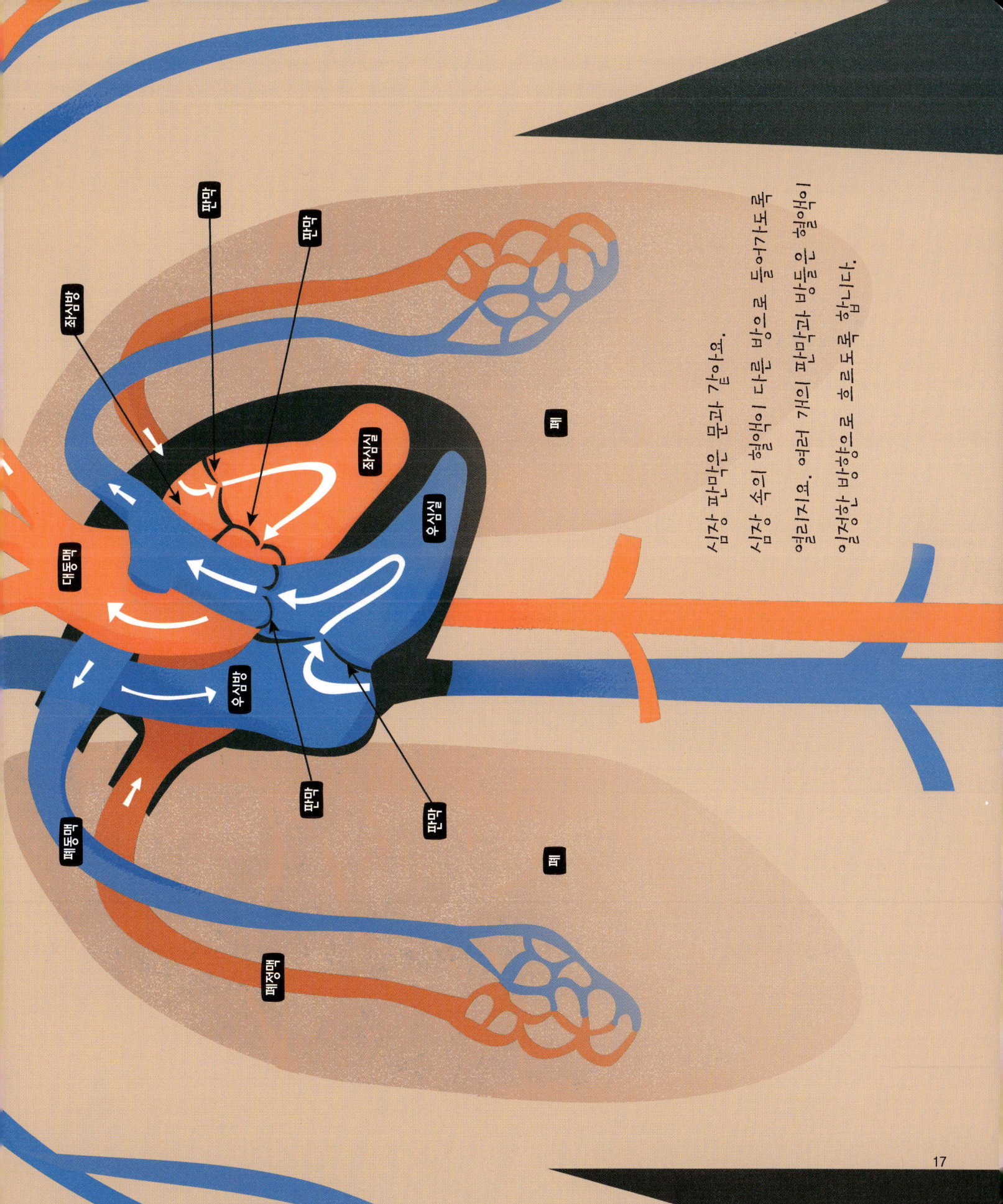

에돌 공장

우리 몸에는 헐애과 산소가 피요해요. 그리고 몸이 여러 가지 기능을 자동시키기 에로도 피요하지요. 그 에로는 음식에서 얻어요. 음식은 몸 속 소화계를 지나면서 잔게 쪼개져요.

사과를 먹으면 어떻게 되는지 볼까요? 사과를 한 입 베어 물면 치아가 씹어서 조가늘 내요. 사과 조가는 식도를 따라 내려가요. 그 다음에 포동! 하 속으로 떨어져요. 하 속에는 산과 효소의 훈합물이 있어 사과를 더 잔게 쪼개진답니다.

위 안쪽의 근육이 잘게 부스러진 사과를
죽처럼 걸쭉하고 부드럽게 만들어요.
작은창자에서는 사과를 더욱 잘게 만들어요.

작은창자에서는 더더욱 잘게 잘라진 음식이 걸쭉한
죽처럼 변한거죠. 이걸 가해서 우리 몸이 사과의
영양소를 힘껏 속으로 빨아들이게 되는 거예요.

식도

위

큰창자

작은창자

찌꺼기를 내보내

음식물의 모든 것이 영료가 되는 것은 아니에요. 우리 몸은 애써서 고체 형태로 찌꺼기를 몸 밖으로 내보내야 해요. 큰창자는 고체 찌꺼기를 밖으로 내보내요.

큰창자는 꿈틀꿈틀 움직여요. 그 움직임으로 찌꺼기를 곧은창자로 보내지요. 찌꺼기들은 곧은창자에 모여있다가 항문을 통해 몸 밖으로 빠져나가요.

- 큰창자
- 곧은창자
- 항문

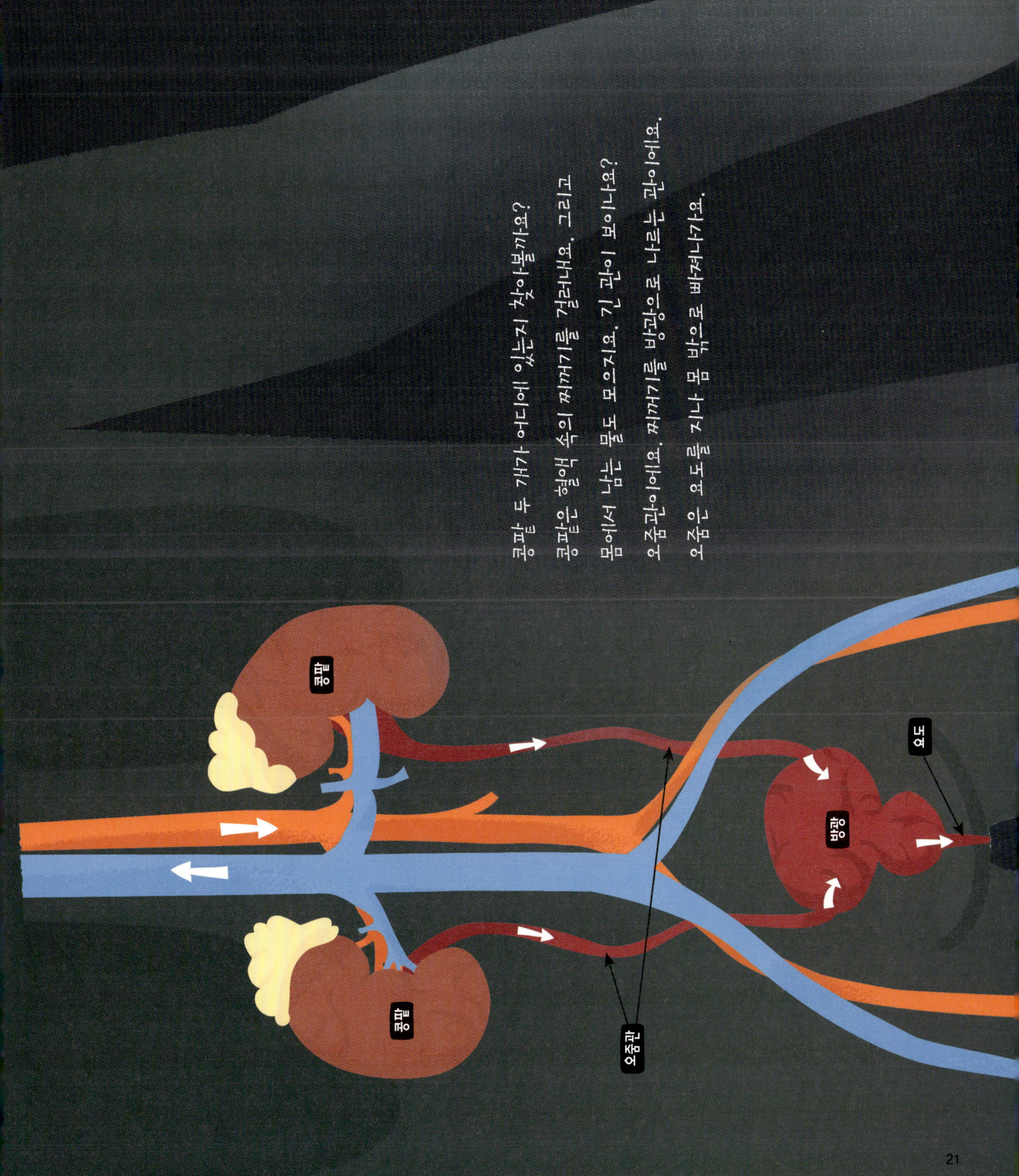

콩팥 두 개가 어디에 있는지 찾아볼까요?
콩팥은 혈액 속의 찌꺼기를 걸러내요. 그리고
몸에서 남는 물도 모으지요. 긴 관이 보이나요?
오줌관이에요. 찌꺼기를 방광으로 나르는 관이에요.
오줌은 요도를 지나 몸 밖으로 빠져나가요.

신호를 받아라!?

우리는 언제 화장실에 가야할지 느낄 수 있어요. 우리 몸이 뇌에 신호를 보내기 때문이지요. 통증도 신호의 하나예요. 모든 신호는 우리 몸의 신경계를 통해 전달됩니다.

이 신호는 눈을 깜박거리는 것보다 더 빠르게 전달되지요.

벌에 쏘일 때를 생각해 볼까요? 먼저 신호가 피부 속의 신경 섬유를 따라 이동해요. 신경 섬유는 척수와 연결되어 있어요. 그곳에 있는 신경 세포가 신호를 받아 다른 신경 세포에게 전달해요. 그렇게 신경 세포들은 뇌로 신호를 보냅니다.

신호가 뇌의 시상에 도착해요. 시상은 뇌의 어느 부분이 이 신호를 해석해야 하고 얼마나 긴급한 것인지 판단할 수 있어요. 뇌의 각 부분은 우리 몸의 특정한 일을 맡고 있어요. 특정한 운동을 관장하고 있기도 하지요. 뇌는 벌에 쏘여 피끔한 통증을 어떻게 멈출 수 있는지 알아내어 신경계를 통해 다시 신호를 내려보내.

"피하 어서 피해" 라고 말이지요.

시상 →
뇌
척수 →

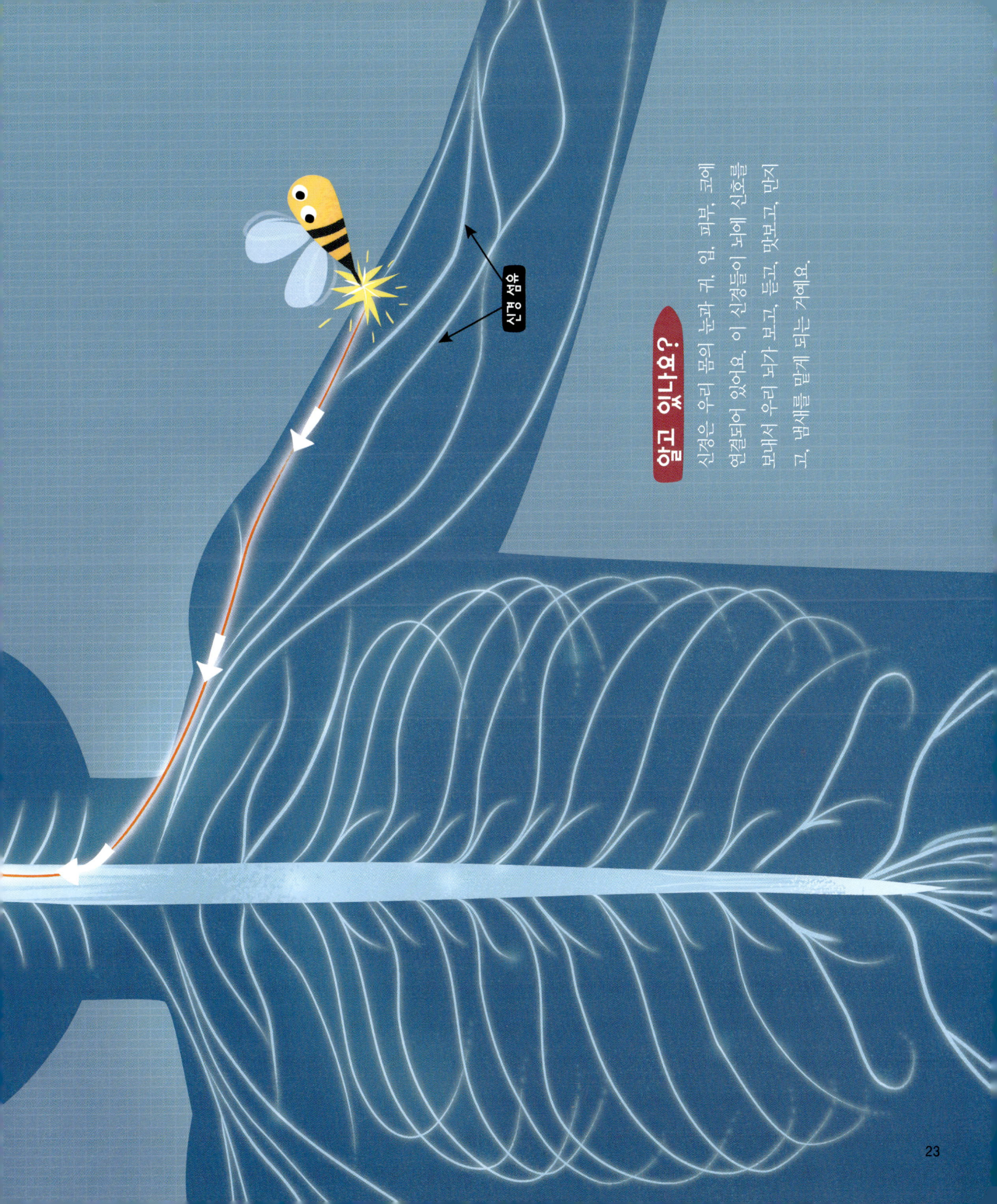

신경섬유

알고 있나요?

신경은 우리 몸의 눈과 귀, 입, 피부, 코에 연결되어 있어요. 이 신경들이 뇌에 신호를 보내서 우리 뇌가 보고, 듣고, 맛보고, 만지고, 냄새를 맡게 되는 거예요.

조종되는 우리의 몸

우리 몸의 어떤 부분은 움직이는 데 화학 물질이 필요해요.
이런 화학 물질을 호르몬이라고 해요.

호르몬 분비샘들이 보이나요? 이곳들이 바로 호르몬 공장이에요. 여기서 실핏줄을 통해 받은 재료들로 호르몬을 만들어 내요. 그러고는 다시 혈액 속으로 호르몬을 흘려보내지요.

뇌 속의 시상 하부를 보세요. 이곳이 호르몬 우리가 잠들고 깨는 것을 도와줘요.
갑상선 호르몬은 우리 몸이 음식을 이용하는 것을 조정해요. 가슴샘 호르몬은 우리 몸이 지병과 싸워 이기는 것을 도와주지요.

뇌하수체

시상 하부

갑상샘

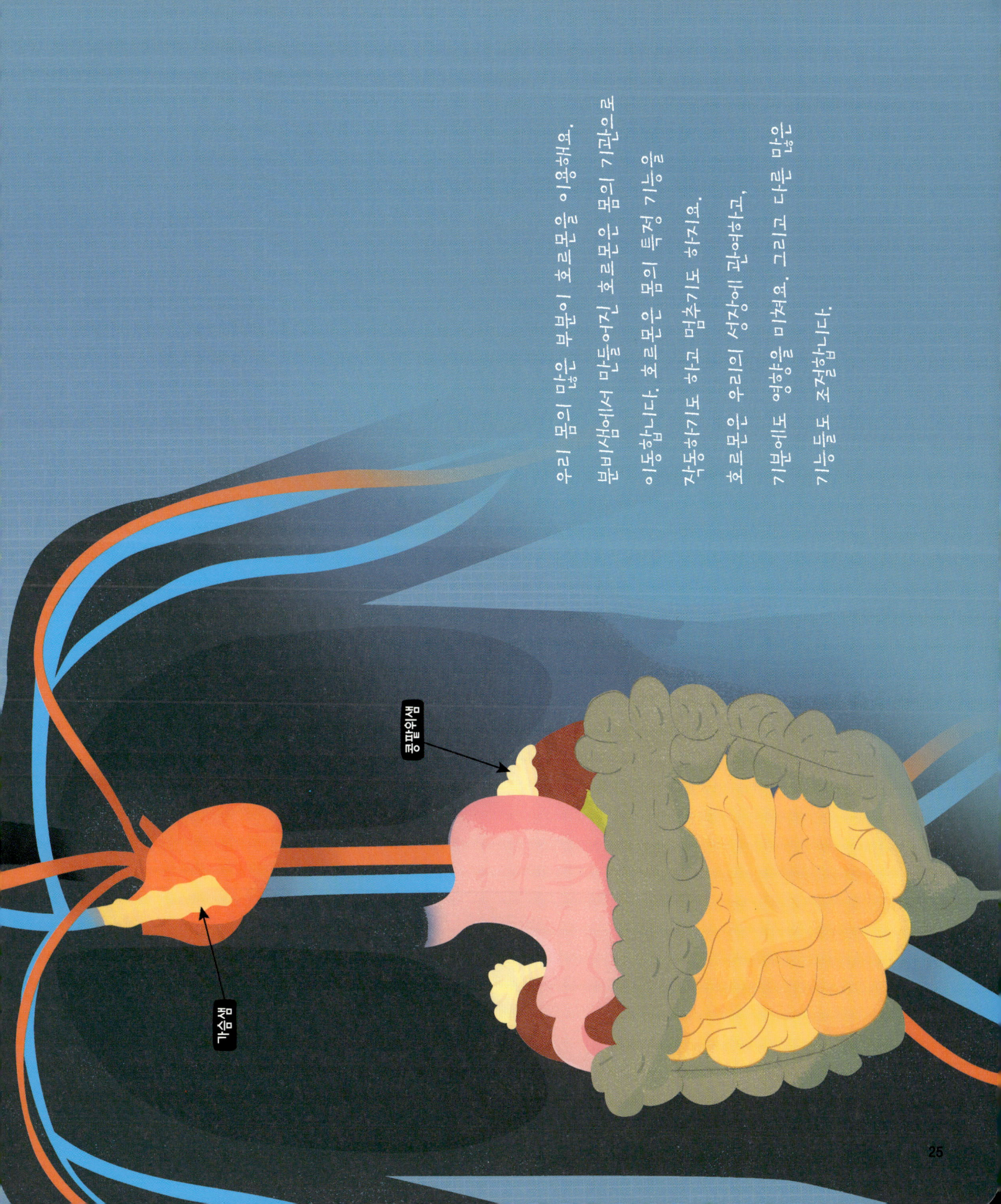

우리 몸의 많은 부분이 호르몬을 이용해요.
분비샘에서 만들어진 호르몬은 몸의 기관으로
이동합니다. 호르몬은 몸의 특정 기능을
작동하기도 하고 멈추기도 하지요.
호르몬은 우리의 성장에 관여하고,
기분에도 영향을 미쳐요. 그리고 다른 많은
기능들도 조절합니다.

콩팥위샘

이자샘

뼈는 튼튼해

흐르므은 우리 몸의 근육이 자라는 것도 조절해요. 근육은 몸이 빼대예요. 우리 몸에는 200가지가 넘는 뼈들이 있어요. 근육은 우리가 꿋꿋하게 서 있을 수 있게 해 주고, 몸속에 있는 장기들을 보호해요. 뼈들이 어디에서 만나는지 아시나요? 이런 곳을 관절이에요.

그 속에 근육은 가늘고 있어요. 힘줄이 보이죠? 근육은 힘줄을 움직여요. 신경이 근육에 신호를 보내 근육이 매끄럽게 움직이거나 늘어나거나 줄어들어서 움직여요.

뼈들을 튼튼해요.

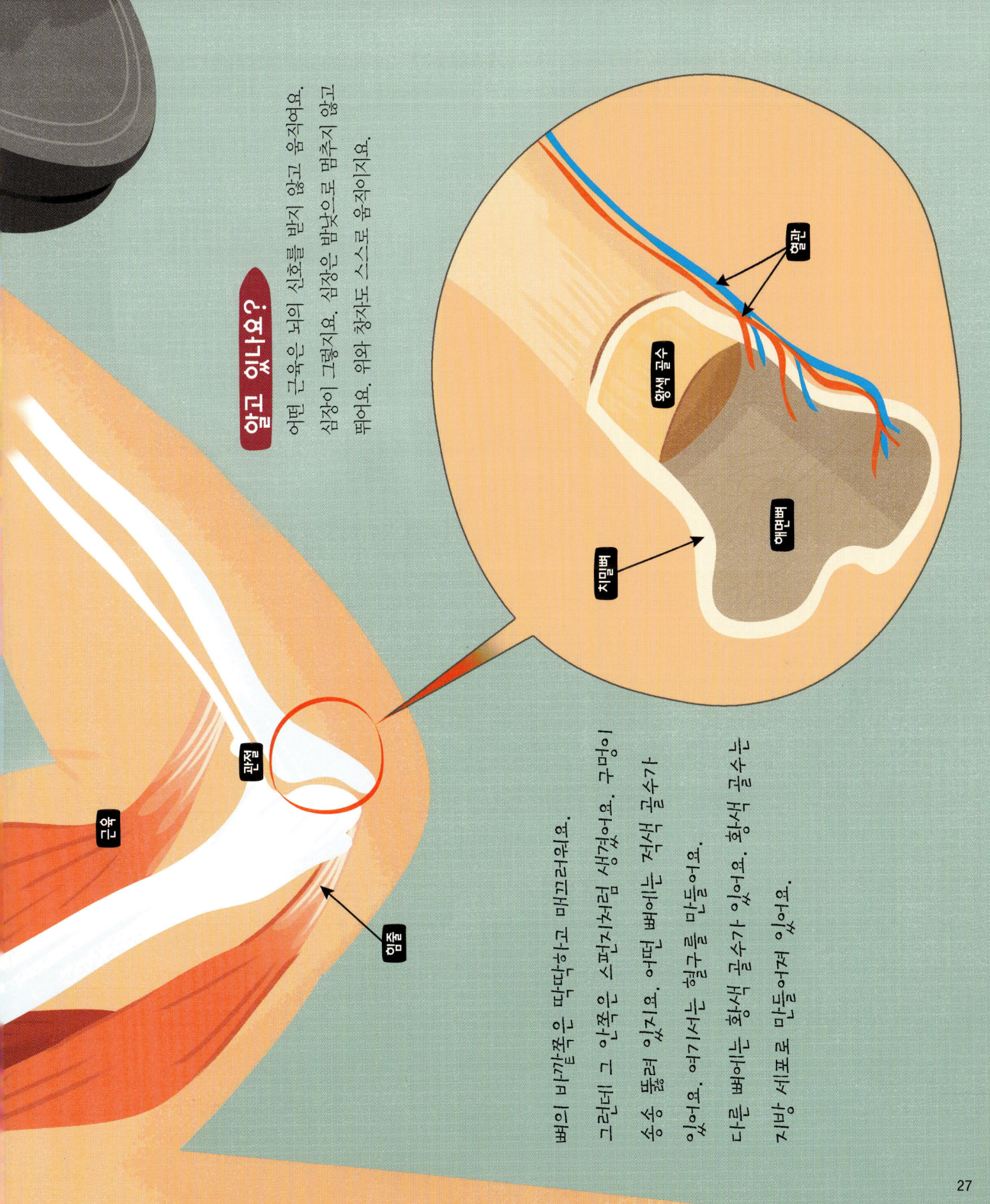

쑥쑥 아하 그렇구나!

어떤 근육은 뇌의 신호를 받지 않고 움직여요. 심장이 그렇지요. 심장은 밤낮으로 멈추지 않고 뛰어요. 위와 장자도 스스로 움직이지요.

뼈의 바깥쪽은 딱딱하고 매끄러워요. 그런데 그 안쪽은 스펀지처럼 생겼어요. 구멍이 숭숭 뚫려 있지요. 어떤 뼈에는 적색 골수가 있어요. 여기서는 혈구를 만들어요. 다른 뼈에는 화색 골수가 있어요. 화색 골수는 지방 세포로 만들어져 있어요.

혈관

황색 골수

치밀뼈

해면뼈

근육

관절

인대

피부에 흐르는 땀을 닦고 얼른 그늘을 찾아봐요.
시원한 음료수 한잔을 마셔야겠어요.
우리 몸은 경우로 보기에 매우 놀라운 기계예요.
자, 이제 우리 몸속 얼마나 대단한지 알겠지요?

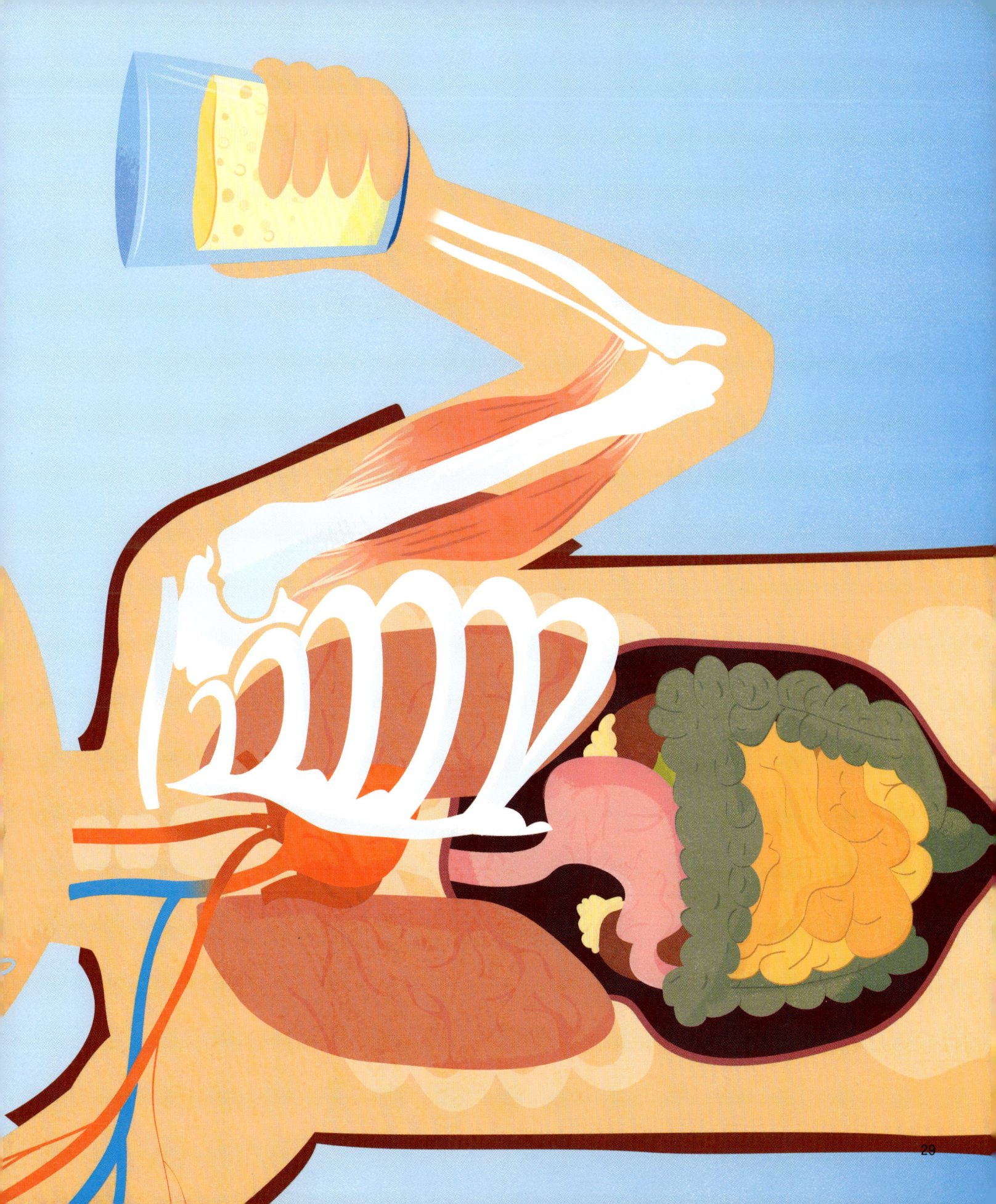

몸속 용어 다시 보기

- 곧은창자: 대장의 끝부분으로 결장과 항문을 잇는 곧은 부분.
- 근육: 뼈와 연결되어 우리가 움직일 수 있게 해 주는 몸의 일부분.
- 기관: 특정한 일을 하는 몸의 일부.
- 동맥: 혈액을 심장에서 온몸으로 나르는 혈관.
- 박테리아: 자연 속 어디에나 존재하는 매우 작은 생물. 어떤 것은 이롭고 어떤 것은 해롭다.
- 분비샘: 화학 물질을 만들어 내는 몸속 기관.
- 산: 음식물 같은 물질을 잘게 쪼개는 액체.
- 산소: 공기 중에 있는 것으로 사람들이 들숨으로 마셔서 몸 안에서 이용하는 기체.
- 섬유: 실처럼 가늘고 긴 물질.
- 영양소: 우리를 튼튼하고 건강하게 해 주는 영양분이 있는 물질. 단백질, 무기질, 비타민 등.
- 오줌: 몸에서 만들어지는 액체 찌꺼기.
- 이산화 탄소: 사람이나 동물이 숨을 내쉴 때 나오는 기체.
- 정맥: 혈액을 온몸에서 심장으로 나르는 혈관.
- 판막: 혈액의 역류를 막고 일정한 방향으로 흐르도록 하는 막.
- 혈장: 혈액을 이루는 액체.

비판적 사고력 훈련 과제
알쏭달쏭 몸속 퀴즈!

| 핵심 개념 세부적으로 알기 ① |
1. 콩팥은 어떤 일을 하나요?

| 핵심 개념 세부적으로 알기 ② |
2. 사람이 숨을 들이마시고 내뱉을 때 어떤 일이 일어나는지 말해 보세요.

| 지식과 생각 통합하기 |
3. 샌드위치를 먹으면 우리 입에서 작은창자까지 어떻게 가게 되나요?

나의 몸을 살펴보자!

몸속 기관 중에 가장 놀랍고 신기한 곳은 어디라고 생각하나요? 왜 그렇게 생각하나요?

와이즈만 호기심 그림책 04
내 몸속이 궁금해

1판 1쇄 발행 2017년 10월 25일
1판 2쇄 발행 2024년 10월 30일

글 카렌 라차나 케니 | **그림** 스티븐 우드 | **옮김** 강여은

발행처 와이즈만 BOOKs
발행인 염만숙
출판사업본부장 김현정
편집 이혜림 양다운 이지웅
디자인 김혜영
마케팅 강윤현 백미영 장하라

출판등록 1998년 7월 23일 제 1998-000170
제조국 대한민국
사용연령 6세 이상
주소 서울특별시 서초구 남부순환로 2219 나노빌딩 5층
전화 마케팅 02-2033-8987 편집 02-2033-8933
팩스 02-3474-1411
전자우편 books@askwhy.co.kr
홈페이지 books.askwhy.co.kr

이 도서의 국립중앙도서관 출판예정도서목록(CIP)은
서지정보유통지원시스템 홈페이지(http://seoji.nl.go.kr)와
국가자료공동목록시스템(http://www.nl.go.kr/kolisnet)에서 이용하실 수 있습니다.
(CIP제어번호 : CIP2017025151)

○ 와이즈만 BOOKs는 (주)창의와탐구의 출판 브랜드입니다.